LE VRAI

CATÉCHISME

PARISIEN,

A L'USAGE DE LA CAPITALE ET DES DÉPARTEMENS,

AVEC

DES INSTRUCTIONS

S.R

LA FOI, L'ESPÉRANCE ET LA CHARITÉ;

PAR UN EX-SÉMINARISTE.

A PARIS,

CHEZ LES PRINCIPAUX LIBRAIRES.

PREMIERS JOURS DE LA LIBERTÉ.

1830.

DEVISE PARISIENNE.

Nous n'imitons personne et servons tous d'exemple.

VOLTAIRE, Brutus.

CHAPITRE PREMIER.

DEMANDE. Qu'est-ce que votre Dieu ?

RÉPONSE. La Liberté et la Charte.

D. Vous en avez donc plusieurs ?

R. Non, ils ne font qu'un.

D. Éclaircissez-moi ce point ?

R. Volontiers. Depuis plus de cinq mille ans, la liberté, adorée en secret par tous les hommes, n'avait que quelques autels épars çà et là échappés à l'œil vigilant de la tyrannie, son ennemie mortelle ; lasse enfin de tant de maux, elle prit en pitié les larmes de sang des malheureux humains, et nous envoya la Charte, sa fille chérie, incarnée parmi nous par l'opération..... d'un esprit juste.

D. Quand vint-elle parmi vous ?

R. L'an de grâce 1814.

D. Que vous prescrit-elle ?

R. Notre bonheur.

D. Comment ?

R. Par articles.

D. Qui sont-ils ?

R. En voici les principaux, qui sont gravés dans notre cœur en caractères *ineffaçables*.

Les Français sont égaux devant la loi, quels que soient d'ailleurs leurs titres et leurs rangs.

Ils contribuent indistinctement, dans la proportion de leur fortune, aux charges de l'État.

Ils sont tous admissibles aux emplois civils et militaires.

Leur liberté individuelle est également garantie, personne ne pouvant être ni poursuivi, ni arrêté que dans les cas prévus par la la loi, et dans la forme qu'elle prescrit.

Chacun professe sa religion avec une égale liberté, et obtient pour son culte la même protection.

Les Français ont le droit de publier et de faire imprimer leurs opinions, en se conformant aux lois.

La censure ne pourra jamais être rétablie.

Toutes les propriétés sont inviolables, sans aucune exception de celles qu'on appelle nationales, la loi ne mettant aucune différence entre elles.

Toutes recherches des opinions et votes émis jusqu'à la restauration, sont interdites. Le même oubli est commandé aux tribunaux et aux citoyens.

La conscription est abolie. Le mode de recrutement de l'armée de terre et de mer est déterminé par une loi.

La présente Charte et tous les droits qu'elle consacre demeurent confiés au patriotisme et au courage des gardes nationales et de tous les citoyens français.

D. Est-ce tout ?

R. Non. Il y en a beaucoup d'autres encore qui concernent l'ordre judiciaire, les droits particuliers, et principalement nos braves députés. L'article 55, par exemple, donne le droit à nos représentans d'accuser les ministres qui ont abusé d'un pouvoir sacré pour faire le malheur de l'État.

D. En voit-on des exemples ?

R. Eh! Eh! Monsieur, il y en a beaucoup cette année....

D. Cette Charte est-elle infinie ?

R. Oui, mais grâce aux changemens que la Liberté, sa divine mère, lui apporte, elle sera bientôt immuable et *finie*.

D. Est-elle immortelle ?

R. Oui; elle eut un commencement, mais n'aura point de fin.

D. Pourquoi n'aurait-elle point de fin, puisqu'elle eut un commencement ?

R. Parce qu'elle a été créée pour nous servir, nous protéger, et par ce moyen obtenir une vie éternelle.

D. Qui vous le garantit ?

R. Notre intérêt..., le sang de nos concitoyens versé pour l'obtenir.

D. Et vos maîtres ?

R. Il n'en est plus.... Nous n'avons que des chefs qui pensent comme nous.

D. Combien comptez-vous de sectateurs ?

R. Une quarantaine de millions ; et dans peu tous ceux qui occupent la surface du globe. La liberté marche à grands pas, armée du flambeau de la vérité !

D. Que vous recommande-t-elle pour en venir à ce but.

R. L'union.

D. En quoi consiste l'union ?

R. A fermer l'oreille à toutes les petites coteries que l'intérêt particulier fait éclore, et à ne voir que le bien général.

D. Expliquez-moi cela plus en détail.

R. Voici un apologue qui vous fera comprendre

que : *toute puissance est faible , à moins que
d'être unie.*

Un vieillard près d'aller où la mort l'appelait ,
Mes chers enfans , dit-il (à ses fils il parlait),
Voyez si vous romprez *ces dards liés ensemble ;*
Je vous expliquerai le nœud qui les assemble.
L'aîné les ayant pris, et fait tous ses efforts,
Les rendit , en disant : Je les donne aux plus forts.
Un second lui succède, et se met en posture ;
Mais en vain. Un cadet tente aussi l'aventure.
Tous perdirent leur temps ; le faisceau résista :
De ses dards *joints ensemble un seul ne s'éclata.*
Faibles gens , dit le père , il faut que je vous montre
Ce que ma force peut en semblable rencontre.
On crut qu'il se moquait ; on sourit , mais à tort :
Il sépare les dards et les rompt sans effort.
Vous voyez , reprit-il , l'effet de la *concorde :*
Soyez joints, mes enfans, que l'amour vous accorde.
Tant que dura son mal il n'eut d'autre discours.
Enfin se sentant près de terminer ses jours :
Mes chers enfans , dit-il , je vais où sont nos pères.
Adieu : promettez-moi de vivre comme frères :
Que j'obtienne de vous cette grâce en mourant.
Chacun de ses trois fils l'en assure en pleurant.
Il prend à tous les mains ; il meurt, et les trois frères
Trouvent un bien fort grand, mais fort mêlé d'affaires.
Un créancier saisit , un voisin fait procès ,
D'abord notre trio s'en tire avec succès.
Leur amitié fut courte autant qu'elle était rare.
Le sang les avait joints, *l'intérêt les sépare.*

L'ambition, l'envie, avec les consultans,
Dans la succession entrent en même temps.
On en vient au partage, on conteste, on chicane ;
Le juge sur cent points tour à tour les condamne.
Créanciers et voisins reviennent aussitôt ;
Ceux-ci sur une erreur, ceux-là sur un défaut.
Les frères désunis sont tous d'avis contraire ;
L'un veut s'accommoder, l'autre n'en veut rien faire.
*Tous perdirent leur bien, et voulurent trop tard
Profiter de ces dards unis et pris à part.*

Voilà ce que tous les hommes devraient savoir par cœur et mettre en usage.

D. Vous avez raison ; mais que faut-il pour cela ?

R. Réfléchir.

D. Sur quoi ?

R. Sur deux points importans : le premier, sur ce qu'il est nécessaire que l'homme de la classe, soi-disant inférieure, *ait plus d'amour de soi* ; qu'il acquiert la conviction que tout homme est égal à un autre ; que tout individu entre dans le monde par la même *porte*, qu'il y vient *nu*, sans *force*, sans *pouvoir*, sans *jugement*, et qu'alors il ne doit pas se laisser éblouir par le clinquant des richesses et des titres ; qu'il faut qu'il se persuade que ceux qui commandent ne sont pas des *maîtres*, mais des *chefs* que lui-même a appelés à ces fonctions pour être libre de vaquer tranquillement à ses travaux domestiques.

D. Et le second ?

R. Le second, que bien loin de prêter une oreille confiante à tout ce qu'on lui dit relativement aux miracles que les prêtres et les rois faisaient pour prouver leur puissance, il doit plaindre plutôt les millions de victimes que l'*ambition*, la *cupidité* et l'*ignorance* conduisaient à la *mort*!... Et soumettant ses pensées à une analyse réfléchie, il aura la preuve évidente que tout ce qui vient de l'*homme* doit *sentir la terre*.

D. Que concluez-vous de ce raisonnement ?

R. J'en conclus que la multitude étant plus éclairée, et connaissant sa *véritable position*, elle ne sera plus le jouet d'une poignée d'ambitieux, qu'elle deviendra libre et par conséquent *juste*.

D. Que deviendront les rois ?

R. Les *vrais rois*, comme *Louis-Philippe*, ne seront que des chefs aimés de leurs concitoyens.

D. Que deviendront les prêtres ?

R. Des hommes à qui l'on défendra de prêcher le *jeûne* et l'*indigence* assis sur des monceaux d'or, des hommes à qui le peuple criera de ne plus lui donner de belles paroles, mais de bons exemples, d'être vertueux, afin de faire aimer la vertu.

CHAPITRE II.

D. Quelles sont les vertus nécessaires qu'il faut acquérir pour mériter le nom d'homme libre ?

R. Elles sont au nombre de cinq ; savoir : La science , la tempérance , le courage , l'activité et l'humanité.

D. Pourquoi la science ?

R. Pour pouvoir discerner d'un coup d'œil le *bien* et le *mal ;* avoir la force d'esprit et la force de corps. C'est ce que nos pères enseignaient figurément, lorsqu'ils racontaient l'éducation d'Achille , confiée au centaure Chiron , qui était à la fois homme et bête.

L'esprit appartient à l'homme , la force nous est commune avec les animaux.

D. Pourquoi la tempérance ?

R. Parce que l'homme, livré à ses passions, se rend le mépris de tout ce qui l'entoure : qu'il est impossible de tirer une idée juste d'un cerveau malade.

Les anciens Spartiates, pour se préserver du vice honteux de la boisson, avaient l'habitude d'enivrer plusieurs esclaves et de les faire promener en cet état sur les places publiques, afin que chacun en eût horreur, et ne s'adonnât point à l'ivrognerie. Chez les Égyptiens, chez les anciens Perses, chez les Grecs, toutes les affaires importantes se traitaient à jeun.

D. Pourquoi le courage ?

R. Pour avoir la force de briser ses chaînes. Sans cette vertu nous serions encore sous la férule du *Jésuite*.

Lisez les détails des journées immortelles des 27, 28, 29 Juillet, et vous aurez connaissance de la plus belle page de l'histoire tant ancienne que moderne !

D. Pourquoi l'activité ?

R. Parce que cette vertu assure à l'homme libre un avenir heureux et une vieillesse exempte de besoins et d'infirmités.

D. Pourquoi l'humanité ?

R. L'homme libre doit être aimé de tout le monde, même de ses ennemis. Demandez aux gendarmes, à l'ex-garde royale et à tant d'autres ce qu'ils seraient sans cette vertu ? Morts !!!

CHAPITRE III.

Instructions sur la Foi, l'Espérance et la Charité.

D. Qu'est-ce que la foi ?

R. La foi est un chemin d'aveugle qui conduit à l'ignorance et à l'esclavage.

D. Faites-moi un acte de votre foi ?

R. L'homme doit toujours préférer sa raison et l'expérience des grands philosophes à des mys=tères invraisemblables et ridicules.

D. Qu'est-ce que l'espérance ?

R. C'est le désir d'être délivré à jamais du fléau de la servitude et des méchans rois.

D. Faites un acte d'espérance.

R. Croyant aux vertus de notre Charte bien-ai=mée, j'espère que l'univers entier viendra bien=tôt se ranger sous notre drapeau national, et que tous les peuples prendront pour devise : *Egalité, justice et liberté !*

D. Qu'est-ce que la charité?

R. La charité est ce que nous faisons à l'ex-famille royale.

D. Faites un acte de charité.

R. Charles, tu as été trompé par les méchans; tu as fait le mal et tu en es puni. Mais sois tranquille, nous pourvoirons à ton avenir, ainsi qu'à celui de ta famille, que les remords n'abrègent point tes jours; meurs en paix... nous ne te maudissons plus!!!

CHAPITRE IV.

Des Commandemens.

D. Est-ce assez d'avoir ces vertus pour mériter le nom d'homme libre ?

R. Non, il faut encore en garder les commandemens.

D. Combien y en a-t-il ?

R. Quatre, savoir :

1° La Charte seule tu adoreras
Et aimeras parfaitement.
2° Par elle seule tu jureras
Et garderas ton serment.
3° Les dimanches tu la liras
Avec un grand recueillement.
5° Et sa mère honoreras,
Afin de vivre longuement.

D. Et les commandemens de l'Eglise ?

R. Nous n'en recevons plus.

D. Vous en avez cependant ?

R. Oui, six qu'on peut réduire en un seul.

D. Comment ?

R. Faites ce que je vous dis, et non pas ce que je fais.

CHAPITRE V.

Du Péché.

D. Qu'est-ce que le péché ?

R. Le péché est une prévarication contre les lois.

D. Combien y a-t-il de sortes de péché ?

R. Il y en a de deux sortes : le véniel et le mortel.

D. Qu'est-ce que le péché véniel ?

R. C'est un *mouchard.*

D. Qu'est-ce que le péché mortel ?

R. C'est un *Bourmont.*

D. Avez-vous d'autres sortes de péché ?

R. Oui, nous avons encore les sept péchés capitaux : l'orgueil, l'avarice, la luxure, l'envie, la gourmandise, la colère et la paresse.

D. Qu'est-ce que l'orgueil ?

R. Polignac.

D. Pourquoi ?

R. Parce qu'en lui seul étaient les sept vices qui corrompirent l'Etat, à savoir : la *vanité*, *l'ostentation*, *l'ambition*, la *présomption*, le *mépris du prochain* et la *désobéissance*.

D. Qu'est-ce que l'avarice ?

R. C'est Wellington ?

D. Pourquoi ?

R. Parce qu'il est insensible aux prières de ce pauvre diable qui lui demande l'hospitalité. (Voyez la caricature : *Je ne peux plus rien vous faire, brave homme.*)

D. Qu'est-ce que la luxure ?

R. L'archevêque de Paris.

D. Pourquoi ?

R. Parce qu'il n'a qu'une affection criminelle pour les plaisirs contraires à la chasteté chrétienne.

D. Qu'est-ce que l'envie ?

R. Un Jésuite.

D. Comment ?

R. Parce que le Jésuite est triste du bonheur

d'autrui, et qu'il ne porte son attention qu'à la médisance, à la calomnie, et à tout ce qui peut nuire au prochain.

D. Qu'est-ce que la gourmandise ?

R. De Villèle.

D. Pourquoi ce ministre ?

R. Parce qu'il ne pouvait se rassasier d'argent... ni de truffes !...

D. Quest-ce que la colère ?

R. Le duc d'Angoulême.

D. Ah ! pourquoi ?

R. Parce que s'il avait possédé la patience chrétienne, il ne se serait point blessé en brisant l'épée de son cher cousin Raguse.

D. Qu'est-ce que la paresse ?

R. Charles X.

D. Pourquoi ?

R. Parce qu'il n'a pas eu assez de force d'âme et de vigilance pour soutenir la partie ; qu'il l'a laissée... et, selon la sagesse des nations, qui quitte la partie, la...

CHAPITRE VI.

De l'Abstinence.

D. En quel temps jeûnez-vous?

R. Quand nous ne pouvons pas faire autrement.

D. De quoi vous abstenez-vous?

R. Du mouton enragé.

CHAPITRE VII.

Prières du Parisien.

D. Dites-moi votre prière du matin ?

R.　　Peuple français, peuple de braves,
　　La Liberté rouvre ses bras ;
　　On nous disait : soyez esclaves !
　　Nous avons dit : soyons soldats !

　　Soudain Paris dans sa mémoire
　　A retrouvé son cri de gloire :
　　　　« En avant, marchons
　　　　« Contre leurs canons,
　　« A travers le fer, le feu des bataillons,
　　　　« Courons à la victoire. »

　　Serrez vos rangs ; qu'on se soutienne !
　　Marchons ! chaque enfant de Paris
　　De sa cartouche citoyenne
　　Fait une offrande à son pays.

　　O jours d'éternelle mémoire !
　　Paris n'a plus qu'un cri de gloire :
　　　　« En avant, marchons
　　　　« Contre leurs canons,
　　« A travers le fer, le feu des bataillons,
　　　　« Courons à la victoire. »

La mitraille en vain nous dévore;
Elle enfante des combattans :
Sous les boulets voyez éclore
Ces vieux généraux de vingt ans.

O jours d'éternelle mémoire !
Paris n'a plus qu'un cri de gloire :
   « En avant, marchons
   « Contre leurs canons,
« A travers le fer, le feu des bataillons,
   « Courons à la victoire. »

Pour briser ces masses profondes,
Qui conduit nos drapeaux sanglans ?
C'est la Liberté des Deux-Mondes :
C'est Lafayette en cheveux blancs !

O jours d'éternelle mémoire !
Paris n'a plus qu'un cri de gloire :
   « En avant, marchons
   « Contre leurs canons,
« A travers le fer, le feu des bataillons,
   « Courons à la victoire. »

Les trois couleurs sont revenues,
Et la Colonne avec fierté
Fait briller à travers les nues
L'arc-en-ciel de la Liberté.

O jours d'éternelle mémoire !
Paris n'a plus qu'un cri de gloire :
   « En avant, marchons
   « Contre leurs canons,
« A travers le fer, le feu des bataillons,
   « Courons à la victoire. »

Soldat du drapeau tricolore,
D'ORLÉANS, toi qui l'as porté !
Ton sang se mêlerait encore
A celui qu'il nous a coûté.

Comme aux beaux jours de notre histoire
Tu redirais ce cri de gloire :
  « En avant marchons
  « Contre leurs canons,
 « A travers le fer, le feu des bataillons,
  « Courons à la victoire. »

Tambours, du convoi de nos frères
Roulez le funèbre signal,
Et nous, de lauriers populaires
Chargeons leur cercueil triomphal.

O temple de deuil et de gloire,
Panthéon, reçois leur mémoire !
Portons-les, marchons,
  Découvrons
  Nos fronts ;
Soyez immortels, vous tous que nous pleurons,
  Martyrs de la victoire.

D. Dites-moi votre prière du soir.

R. Nous ne connaissons que le *Te Deum !* ou le *Requiescant in pace !*

D. Alors dites-moi votre prière parisienne en latin.

R. Non, je parle pour être entendu.

CHAPITRE VIII ET DERNIER.

Pour éclaircir plusieurs doutes.

D. Quest-ce que le Panthéon ?

R. C'est un monument national élevé en l'honneur des héros morts pour la patrie reconnaissante.

D. Qu'est-ce que le monument de la Madeleine ?

R. C'est un temple élevé pour recevoir le *Livre d'or*, sur lequel doivent être inscrits tous les noms des hommes illustres qui sont nés et naîtront dans notre belle patrie.

D. Et celui de la rue Richelieu ?

R. Prosternez-vous, étrangers, devant cette chapelle de deuïl ! c'est en mémoire du sang parisien, de ce sang pur et sans tache qui a coulé le premier pour la liberté de l'univers ! C'est là où, dans les siècles à venir, l'esclave devenu *homme* viendra saluer les premiers martyrs de la liberté ! Ce monument est le sceau de notre Charte et l'effroi des tyrans !

D. Qu'est-ce que la place Louis XV ?

R. C'est la place de la Concorde, au milieu de laquelle paraîtra bientôt la Liberté.

D. Qu'est-ce qu'une église ?

R. C'est un beau monument qu'il ne faut pas trop multiplier.

D. Qu'est-ce qu'un archevêque ?

R. C'est un homme qui a des poignards et des maîtresses.

D. Qu'est-ce qu'un prêtre ?

R. Quand il s'écarte de ses devoirs, c'est un homme inutile à l'État, coûteux à chaque citoyen, et souvent nuisible à sa patrie.

RÉSUMÉ.

D. Qu'est-ce qu'un homme libre ?

R. C'est un homme juste, qui se conserve, se modère, s'instruit, et qui vit pour ses semblables afin que ses semblables vivent pour lui.

AMEN.

IMPRIMERIE DE J. SMITH, RUE MONTMORENCY, N° 16.